Deselley.

Observations sur le Langage du Pays de Vaud.

Lausanne,

1808.

OBSERVATIONS
SUR
LE LANGAGE
DU
PAYS DE VAUD

PAR Mr. DEVELEY,

Membre de l'Académie Impériale des sciences de St. Petersbourg, de l'Académie Royale des sciences de Harlem, des Sociétés de Jéna, de Leipzig, de Montauban, de Bordeaux, de Lyon, de Besançon, etc.

A LAUSANNE,

Chez Hignou & Comp., et chez les principaux Libraires.

1808.

AVERTISSEMENT.

Quoique le but essentiel de cet écrit soit de recueillir les expressions vicieuses particulières à notre pays, on y trouvera un grand nombre d'articles qui ne contiennent autre chose que des fautes de grammaire, d'orthographe ou de prononciation Je les ai notées parce que j'ai remarqué que bien des personnes d'ailleurs très-instruites faisaient quelquefois ces fautes-là.

Quant aux termes véritablement du Pays de Vaud, j'ai dû laisser de côté ceux qui ne sont employés que dans la classe qni ne lit point. La limite était assez difficile à poser; les personnes qui trouveront ici des expressions qui leur paraîtront trop triviales, voudront bien se rappeler que ce n'est pas pour elles que je les ai indiquées. En général, je n'ai pas écrit pour ceux qui n'ont rien à apprendre.

C'est le Dictionnaire de l'Académie *que j'ai surtout consulté: Cet ouvrage est jusqu'à présent l'autorité la plus respectable que l'on ait dans ce genre. J'en ai copié les définitions presque mot à mot lorsque j'en avais besoin.*

Ce recueil n'étant point encore complet, je n'ai pas cru devoir lui donner l'ordre alphabétique. Je pourrai l'étendre par la suite, ou d'autres entreprendront cette tâche, et alors il recevra sans doute une forme plus avantageuse.

On sentira je l'espère que je n'ai point mis de prétentions à cet opuscule. Il s'agit ici de la pratique du langage et non de sa théorie. Je me suis borné à indiquer les fautes que j'avais observées. Moi-même sans doute je me serai trompé quelquefois; on me rendra service si l'on veut bien me faire apercevoir les erreurs que j'aurai commises, et auxquelles il eût été presque impossible que je pusse échapper.

OBSERVATIONS SUR LE LANGAGE DU PAYS DE VAUD.

1. ON doit dire, *distrayons*, *distrayez*, *distrayent*, *distrayant*, au lieu de *distraisons*, *distraisez*, *distraisent*, *distraisant*. Il en est de même du verbe *traire* et de ses autres composés, *soustraire*, *abstraire*, etc.

2. Quand *votre* est avant le substantif, sa première syllabe est brève; elle est longue quand il est après l'article. On doit lire et écrire, *je suis votre serviteur; je suis le vôtre.* Il en est de même de *notre*.

3. Les tems du verbe *appeler* s'écrivent les uns avec une seule *l*, les autres avec deux. On écrit et on prononce, *appeler*, *j'appelle*, *j'ai appelé*, *j'appellerai*, *appelant*, etc. Il en est de même des verbes *renouveler*, *atteler*, etc. On dit, *je renouvelle*, *j'ai renouvelé*, *je renouvel-*

lerai, *renouvelant*, etc. *J'attelle*, *j'ai attelé*, etc. On dit aussi *attelage*.

4. La finale d'*orgueil* se prononce comme celle de *deuil*.

5. *Enorgueillir*, *enivrer*, *enivrement;* la première syllabe de ces mots est nasale. Ensorte qu'il faut prononcer *en-ivrer* et non *énivrer;* et ainsi des autres.

6. On doit prononcer et écrire, *mercredi* au lieu de *mécredi*.

7. On doit dire, *il s'est agi*, *il s'était agi*, au lieu de *il a s'agi*, *il avait s'agi*.

8. *As* est masculin et non féminin, comme le font bien des gens. On dit, *un as noir*, et non *une as noire*. Du reste, l'*s* finale de ce mot se prononce.

9. On dit, *admonéter* quelqu'un, c'est-à-dire lui faire quelque remontrance, et non *admonester*.

10. On dit qu'une femme *est accouchée*, au lieu de dire qu'elle *a accouché*. Cependant ce verbe est aussi actif, et signifie alors, aider à une femme à accoucher. *Madame est accouchée, et c'est une telle qui l'a accouchée.*

11. *Annexe ;* cette église était une annexe de telle paroisse. On prononce l'*a* bref, et l'on fait sentir les deux *nn*.

12. *Année ;* on ne doit pas prononcer *an-née* en faisant la première syllabe nasale, comme dans *un an;* mais on doit prononcer *a-née*, comme s'il n'y avait qu'une *n* et l'*a* bref.

13. *Anniversaire*, même observation, excepté que dans ce mot on fait sentir les deux *nn*. Il en est de même d'*annal*, *annuel*, etc.

14. *Aoriste*, tems d'un verbe ; on prononce *oriste.*

15 *Août*, mois ; on prononce *Oût.*

16. *Jésus-Christ*, *antechrist ;* la lettre *s* ne se prononce pas dans ces mots ; mais elle se prononce dans *le Christ.*

17. *Automnal ;* l'*m* se prononce.

18. *Automne ;* on prononce *autonne.*

19. *Archiépiscopal ;* on prononce *kié.*

20. *Après-dînée*, *après-midi*, *après-soupée ;* ces trois mots sont féminins ; *une belle après-dînée*, *une belle après-midi*, *une belle après-soupée.*

21. *Immanquablement*, *immédiatement*, *immense*, etc. Il ne faut pas dire *in-manquablement*, *in-médiatement*, *in-mense ;* il faut dire *im-manquablement*, *im-médiatement*, *im-mense*, en prononçant les deux *mm ;* tout comme on dit *immatériel*, *immeuble*, *immobile*, *immodéré*, *immonde*, *immortalité*, etc.

22. On ne dit pas *frilleux ;* on écrit et l'on prononce, *frileux*, avec une seule *l.*

23. *Avril*, mois ; l'*l* se prononce mouillée.

24. On n'appelle pas *percet* un instrument de fer propre à percer ; c'est ce qu'on nomme *une tarière.* Il y a aussi *la vrille*, *le foret* et *le perçoir ;* mais ces deux derniers sont destinés à percer les tonneaux.

25. Le mot *par contre*, si souvent employé chez nous, n'est point français ; il faut dire *en récompense*, *en revanche. Je vous prie de me rendre ce bon office, et en récompense je vous servirai dans quelque autre occasion. Ce jour-là les ennemis défirent un de nos partis ; mais en récompense on leur enleva un de leurs quar-*

tiers le lendemain. Il avait fort mal dîné, mais en revanche il a bien soupé. Les ennemis avaient pris une bicoque, et en revanche nous leur prîmes une de leurs meilleures places. Il m'a servi dans une telle occasion, et en revanche je l'ai servi dans une autre.

Au lieu de dire *en par contre*, il faut dire *en échange. Je lui avais donné un cheval, il m'a donné un tableau en échange.*

On ne dit pas *revanger quelqu'un*, *se revanger*, *prendre sa revange;* on dit *revancher quelqu'un*, *se revancher*, *prendre sa revanche.*

26. Quand on veut engager une personne à se rendre dans tel endroit, on ne doit pas lui dire de *s'y rencontrer;* mais de *s'y rendre*, ou de *s'y trouver.*

27. *Nommer* ne doit pas se prononcer *non-mer*, mais *no-mer*, avec l'*o* bref, et comme s'il n'y avait qu'une *m.*

28. *Second;* on ne doit pas prononcer *ségond*, mais *segond.*

29. *Recommandation;* on ne doit pas prononcer *récommandation*, mais *recommandation.*

30. *Remédier;* on ne dit pas *rémédier*, mais *remédier.*

31. On ne dit pas *recit*, *reciter;* mais *récit*, *réciter.*

32. On ne dit ni *improcédé* substantif, ni *improcéder* verbe : ces mots ne sont pas français; du moins ils ne sont pas dans le Dictionnaire de l'Académie.

33. On ne dit plus *j'envoyerai*, mais *j'enverrai.*

34. On dit bien, *envoyer*, *envoyé* avec *y;* mais on ne dit pas *il envoye;* il faut écrire et pro-

noncer, *il envoie.* Il en est de même des verbes *employer*, *soudoyer*, etc. On dit *j'emploie*, *tu emploies*, *il emploie*, *nous employons*, *vous employez*, *ils employent*, *j'employois*, *j'emploîrai.*

35. On ne dit pas, *lire dès la chaire;* on dit *lire en chaire.*

36. *Créancier chirographaire ;* on prononce *kirographaire.*

37. En offrant du chou cuit, on ne dit pas, *voulez-vous des choux?* on dit, *voulez-vous du chou?*

38. *Tasse de café;* on ne doit pas faire le premier *a* bref et le second long; c'est absolument le contraire.

39. On ne doit pas dire, en parlant du froment, du seigle, etc. qu'il y a eu beaucoup de *graine* au marché; mais qu'il y a eu beaucoup de *grain ;* parce qu'on ne dit pas *la graine* du froment, mais *le grain* du froment.

40. On ne dit pas, *rélation*, *rélatif*, *rélativement:* mais *relation*, *relatif*, *relativement.*

41. On ne dit pas *desir*, *desirer*, mais *désir*, *désirer ;* du moins l'Académie écrit ainsi ces mots.

42. On ne dit pas, *de belles ongles*, mais *de beaux ongles :* le mot *ongle* est masculin.

43. On ne dit pas, *de bonnes ciseaux*, mais *de bons ciseaux :* le mot *ciseaux* dans ce sens est substantif masculin pluriel. On dit cependant, *un ciseau* au singulier, mais c'est alors un outil de menuisier.

44. On ne dit pas, *prendre de l'exercice*, mais *faire de l'exercice.*

45. On ne dit pas, *le couvert* d'une boîte, mais *le couvercle.*

46. On ne dit pas, *une couverte* de lit, mais *une couverture.* On appelle *couverte* l'émail d'une poterie.

47. On ne dit pas, *une purge*, mais *une purgation.* On dit aussi *une medecine.*

48. On ne dit pas, *il a la jambe enfle*, *il est enfle;* on dit, *il a la jambe enflée*, *il est enflé.*

49. On ne dit pas, *un marteau* pour une des grosses dents; on dit *une dent machelière*, ou *molaire.*

50. On ne dit pas, *des ourties;* on dit, *des orties.*

51. On ne dit pas, *fener*, *feneur*, *feneuse*, *fenage;* on dit *faner*, *faneur*, *faneuse*, *fanage.* On dit cependant *fenaison* ou *fanaison.*

52. On ne dit pas, *un tavan*, pour une espèce de grosse mouche qui pique; on écrit *un taon*, et l'on prononce *un ton* En revanche le mot *paon* oiseau, se prononce *pan;* tout comme *faon*, petit d'une biche, qui se prononce *fan.*

53. On n'appelle pas *pétrissoire*, ni *empâtière*, le coffre dans lequel on pétrit; on l'appelle *pétrin* substantif masculin, ou *huche* substantif féminin.

54. On n'appelle pas *cabaret* une petite table ordinaire; un cabaret est une espèce de plateau à bords relevés, sur lequel on met des tasses pour prendre du thé, du café, etc.

55. Le mot de *buffet*, comme on l'emploie ordinairement, doit être remplacé par celui *d'armoire.* Dans *le buffet*, proprement dit, on

met de la vaisselle et du linge de table; dans *l'armoire* on met toutes sortes de hardes.

Une *garde-robe* est une chambre où l'on met des habits, du linge, etc., et où l'on fait coucher un valet de chambre. La garde-robe est aussi l'ensemble des habits et des hardes d'une personne. Enfin ce mot signifie le lieu où l'on met la chaise percée.

56. On ne doit pas dire, *les tablas*, ni *les rayons*, ni *les étagères* d'une bibliothéque; on doit dire *les tablettes*. On dit, *une tablette*, *deux tablettes*, etc. On dit aussi, *la tablette d'une cheminée*.

Une *layette* est un tiroir où l'on met des papiers.

57. Ce que nous appelons *un fourneau* dans nos chambres, est proprement *un poële*, ou *un poîle*. Le fourneau appartient aux chimistes, aux orfèvres, etc. On appelle aussi *le poêle*, la chambre même où se trouve un poêle.

58. On ne dit pas, *donner des errhes;* on dit *donner des arrhes*. On dit aussi *arrher*, et non *errher*.

59. On n'appelle pas *gourmand* celui qui aime les bonnes choses; on l'appelle *friand*. Le gourmand est un glouton, un goulu, qui mange avec avidité et avec excès.

60. On ne doit pas appeler, *des gourmandises* des choses délicates et bonnes; on doit les appeler *des friandises*. La gourmandise et la friandise, au singulier, sont les vices du gourmand et du friand.

61. On ne doit pas dire, *j'ai été en n'Hollande*, mais *en Hollande*, en aspirant l'*H*. Cependant,

on dit indifféremment, *de la toile de Hollande* ou *de la toile d'Hollande.*

62. Le mot *Ange* est masculin, lors même qu'on l'applique à une femme; et l'on ne dit pas *angelique*, mais *angélique.*

63. Le mot *aigle* est aussi masculin, excepté en terme d'armoiries et de devises : ainsi l'on dit *l'aigle impériale*, *les aigles romaines*, *les aigles françaises.*

64. On ne dit pas, *une monticule*, mais *un monticule.*

65. On n'appelle pas *bouchère* un bouton à la lèvre; une bouchère est la femme d'un boucher.

66. On n'appelle pas *orbet*, ni *urbet*, ni *urbec*, un bouton à l'œil : ces mots ne sont pas français.

67. On ne doit pas dire : *Fais que souffrants avec patience*, etc., on doit dire : *Fais que souffrant avec patience*, quoiqu'il s'agisse de plusieurs personnes; parce que c'est le gérondif et non le participe.

68. L'Académie écrit, *apaiser*, *apercevoir*, *aplatir*, *aplanir*, etc. avec un seul *p*; et *appareiller*, *apparenter*, *appartenir*, etc. avec deux *p*.

69. L'Académie écrit, *au dessus*, *au dessous*, sans tiret, et *en-dessus*, *en-dessous*, avec le tiret. Elle écrit aussi, *petit à petit*, *peu à peu*, sans tiret, et *c'est-à-dire*, avec deux tirets.

70. Les mots *adresser* et *adresse* s'écrivent avec un seul *d*; et les mots *noter* et *note* avec un seul *t*

71. On ne dit pas, *aculer* ou *acculer un soulier*; on dit, *éculer un soulier*. *Acculer* signifie

pousser quelqu'un, et le réduire en un coin, en un endroit où il ne puisse plus reculer.

72. On appelle *aboi* ou *aboiement* le cri du chien; et non *aboyement* ou *abayement* On dit, par conséquent, *aboyer* et non *abayer*.

73. On dit, *abonnir*, *s'abonnir* pour rendre bon, devenir bon; et non *bon-ner*, *se bon-ner*.

74. On ne doit jamais employer le mot *d'affaire* au masculin.

75. On ne doit pas dire, *une somme très-conséquente*, pour *une somme considérable.* On ne doit pas non plus dire, *une affaire conséquente*, *une place conséquente*, pour une affaire importante, une place importante. Mais on peut dire, dans ce cas, *une affaire de conséquence*, *une place de conséquence*, etc.

76. On ne doit pas appeler *patte* un morceau de vieux linge. Si l'on veut lui donner un nom, il faut l'appeler *chiffon;* mais cette dénomination s'applique aussi à tout méchant morceau de quelque vieille étoffe. (*V.* n°. 345).

77. On ne dit pas, *inventoriser*, pour mettre dans un inventaire; on dit, *inventorier. On a inventorié ces livres*, *ces meubles.*

78. Le mot *ail* fait au pluriel *aulx.* Mais on évite de l'employer ainsi : on dira, *du mouton à l'ail*, *cela sent l'ail*, etc.

79 Le fruit que l'on appelle souvent dans le pays *ambroche*, se nomme *airelle* ou *mirtille*, substantif féminin.

80. On n'appelle pas *ajustage* le bout de tuyau d'où sort un jet d'eau; mais *ajutage.*

81. On ne dit pas, *il s'est en allé*, *elles se sont*

en allées, mais *il s'en est allé*, *elles s'en sont allées.*

82. On ne dit pas, *une vieille almanach;* mais *un vieux almanach.* Du reste, dans ce mot on ne prononce pas le *c.*

83. On ne dit pas, *la bonne amadou;* mais *le bon amadou.*

84. On ne dit pas qu'une femme est *amateuse* ou *amatrice* de telle ou telle chose; le mot *amateur* n'a point de féminin. Il en est de même du mot *auteur.*

85. On ne dit pas, *la belle amidon;* mais *le bel amidon;* ce mot est masculin.

86. On dit, *anoblir* et *ennoblir* pour rendre noble; mais le premier mot est relatif aux personnes, et le second aux choses. *Le Roi l'a anobli. Il y a des charges qui anoblissent. Les beaux arts ennoblissent une langue.*

87. Le mot *aparté* subst. masc. qui signifie ce qu'un acteur dit à part, ne prend point d'S au pluriel. Plusieurs mots sont dans ce cas, d'après l'Académie, comme les mots *zéro*, *numéro*, *opéra.* Cependant on remarque que de bons auteurs français écrivent *des zéros*, *des numéros*, etc., avec une S.

88. On paraît ignorer assez généralement que les mots *instantanée*, *simultanée*, *momentanée*, *spontanée*, sont des adjectifs de tout genre; on doit dire *un mouvement instantanée*, *un effort simultanée*, etc.

89. On ne dit pas, *une croûte au beurre*, ni *une tartine*, pour une tranche de pain sur laquelle on a étendu du beurre; on dit *une beurrée.*

90. On ne dit pas, *l'atmosphère est chargé* de vapeurs, mais *l'atmosphère est chargée :* ce mot est féminin.

91. On ne dit pas, *tiédir de l'eau, se tiédir;* mais *attiédir, s'attiédir.*

92. On ne doit pas dire, *un baillif*, mais *un bailli.* On peut dire, *Madame la Baillive;* mais il n'en est pas de même de la plupart des titres; l'on ne doit pas dire, *Madame la Générale*, *la Conseillère*, *la Juge*, *la Docteuse*, *la Professeuse*, *la Ministre*, etc. On dit cependant, *Madame l'Ambassadrice*, *Madame la Présidente* et *Madame la Lieutenante.* Voici ce que dit l'Académie à l'occasion de ce dernier titre : « En parlant des femmes des offi-„ ciers de judicature qu'on appelle *Lieute-„ nans*, on dit *Madame la Lieutenante.* Ainsi „ on dit, *la Lieutenante civile*, *la Lieutenante* „ *criminelle*, *la Lieutenante générale* L'Aca-„ démie ajoute : On dit aussi, *Madame la* „ *Lieutenante de Roi*, en parlant de la femme „ d'un Lieutenant de Roi „.

93. On n'appelle pas *baiser* l'endroit par lequel un pain en a touché un autre dans le four, cela se nomme *la baisure* ou *le biseau.*

94. On ne dit pas, *des balances* pour un seul instrument à peser; dans ce cas c'est *une balance.* Ainsi l'on ne dira pas, *à l'Hotel des Balances*, mais *à l'Hôtel de la Balance.*

95 On appelle *une balançoire*, ou *une branloire*, une pièce de bois mise en travers sur une autre, et sur laquelle des enfans se balancent. On appelle aussi ce jeu la *bascule.* *Des enfans qui jouent à la bascule.* Ce que

l'on nomme fréquemment *un branle*, est proprement *une escarpolette*. Le branle est une espèce de danse.

96. On appelle *bamboche* une grosse marionette, une personne de petite taille, homme ou femme, une sorte de canne qui a des nœuds. Ce que nous nommons *bamboche* est *une babouche*, c'est-à-dire une espèce de pantoufle qui a un quartier de derrière. *La pantoufle*, tout comme *la mule* des femmes, ne couvre ordinairement pas le talon.

97. Comme l'on dit *affecté*, *ée*, et que l'on dit aussi, presque dans le même sens, *afféte*, *ée*, il importe de déterminer l'emploi de ces deux mots. L'un et l'autre désignent de l'affectation; mais le premier se joint à des substantifs qui par eux-mêmes expriment des vertus ou des qualités, et le second à des substantifs plus indéterminés que les précédens. Ainsi l'on dira, *humilité affectée*, *modestie affectée*, *sagesse affectée*, etc.; *mine affétée*, *discours affété*, *manières affétées*, *paroles affétées*, etc.

Le second de ces mots s'applique aussi aux personnes; et surtout aux femmes et aux filles qui ont de la coquetterie. *Elle est trop affétée.*

Enfin l'on appelle *afféterie* le défaut des personnes affétées.

98. On ne doit pas appeler *poche* l'instrument de cuisine qui sert à dresser la soupe, etc.; c'est une *cuiller*. *Cuiller de bois*, *cuiller à pot*, *cuiller à potage*, *à ragoût*, etc.

Du reste, l'*R* finale de ce mot se prononce fortement, comme dans *fer* et *mer*.

Ce que nos servantes appellent *la casse* est aussi une cuiller.

99. On ne dit pas *un vis*, *un poutre*, mais *une vis*, *une poutre ;* et l'on fait sonner l'*S* du premier mot, tandis qu'on ne la prononce pas dans le mot *avis.*

100. On ne dit pas *des culottes*, lorsqu'il n'y en a qu'une seule ; on dit *une culotte.*

101. On ne dit pas *des lunettes d'approche*, quand il n'y en a qu'une ; on dit *une lunette d'approche* ; ou beaucoup mieux *une lunette.*

Au contraire, ce mot ne se dit qu'au pluriel quand il doit désigner les lunettes qu'on met sur le nez : *Une paire de lunettes*, *porter des lunettes*, etc.

On appelle *bésicles* subs. masc. pluriel, une espèce de lunettes attachées à un bandeau qui se lie autour de la tête.

102. Le mot *mouchettes* ne s'emploie qu'au pluriel ; et l'on ne doit jamais dire, *des mouche-chandelles.*

Le mot *pincettes* est aussi subst. fém. pluriel ; mais il se met quelquefois au singulier. *Donnez-moi un peu la pincette. Il se fait la barbe avec la pincette.*

Le mot *tenaille* s'emploie au singulier ou au pluriel, mais plus ordinairement au pluriel.

103. On ne doit pas appeler *buchille* et *rebibe* le bois que la hache et le rabot détachent d'une pièce de bois que l'on met en œuvre ; on doit appeler cela *copeau* , subst. masc.

104. On ne dit pas , *élever des oiseaux à la bûche* ou *à la bûchette ;* on dit, *élever des oiseaux à la brochette.*

On appelle *bûchette*, le menu bois que l'on ramasse dans les forêts.

105. On n'appelle pas *molar* ou *molare* celui qui fait métier d'aiguiser ou d'*émoudre* des couteaux, ciseaux, etc.; on l'appelle *émouleur*, *rémouleur* ou *gagne-petit*.

106. On ne dit pas *mama*, on dit *maman*.

107. On ne dit pas, *un cremailler*, ni *un cramailler;* on dit, *une crémaillère*.

108. On n'appelle pas *chauffe-panse* une cheminée.

109. On n'appelle pas *cou du pied* la partie supérieure du pied, on dit *coude-pied*.

110. On ne dit pas que l'eau *bouillit*, mais qu'elle *bout*. *Je bous*, *tu bous*, *il bout*, *nous bouillons*, *vous bouillez*, *ils bouillent*. *Je bouillois*, *bouillant*, etc.

111 On ne dit pas, *choisir une vocation*, pour *choisir un état;* le mot *vocation* peut être pris dans plusieurs sens, mais tous différens de celui-ci.

112. On ne dit pas, *disparution*, mais *disparition*.

113. On ne dit pas, *une échevette de fil*, *de soie*, etc., on dit *un écheveau*.

114. On ne doit pas dire, *des annetons*, mais *des hannetons*, en aspirant l'*H*.

115. On ne dit pas qu'un appartement *a beaucoup d'aisances*, pour dire qu'il *a beaucoup de dépendances* ou *de commodités*. Quand on parle des *aisances* d'une maison, cela signifie absolument ses privés.

116. On ne dit pas, *j'ai payé ces livres tant la*

pièce, *l'un dans l'autre*, mais *l'un portant l'autre.*

117. En prononçant le mot *pusillanime*, on ne doit pas mouiller la double *ll.*

118. On n'appelle pas *ferretier*, ni *ferratier*, celui qui vend des ouvrages de fer ; on dit, *ferronnier*, *ferronnière.*

119. On ne doit pas dire, *du messel* pour un mélange de froment et de seigle ; cela s'appelle *du méteil.*

On nomme *passe-méteil*, le blé dans lequel il y a deux tiers de froment contre un tiers de seigle.

On ne dit pas non plus *du mécle.*

120. On n'appelle pas *crochon* le premier morceau qu'on coupe du pain ; on l'appelle *entamure.*

En général, on nomme *croûton*, un morceau de croûte de pain. Une *croustille* est une petite croûte de pain. *Croustiller* c'est manger de petites croûtes.

121. On n'appelle pas, *messelier* un paysan qui garde les fruits de la terre, etc. ; on l'appelle *un messier.*

122. On ne dit pas, je *déviens*, *tu déviens*, *il dévient ;* on dit *je deviens*, *tu deviens*, *il devient.*

123. On ne dit pas *récréation*, mais *recréation.*

124 On ne dit pas *sécretaire*, mais *secrétaire.* Du reste, WAILLY veut qu'on prononce *segret*, *segrétaire.*

125. On ne dit pas *déviner*, *un dévin*, *une dévineresse*, *un dévis*, *une dévise ;* mais *deviner*, *un devin*, *une devineresse*, *un devis*, *une devise.*

On dit aussi quelquefois, *un devineur*; mais il est du style familier.

126 On n'appelle pas *pinte*, ni *vendage*, un lieu où l'on vend du vin en détail; on l'appelle *taverne*.

S'il est permis de le nommer *bouchon*, il faut cependant observer que ce mot, pris dans ce sens, signifie proprement le rameau de verdure que l'on met au devant de la taverne ou du cabaret.

La *gargote* est un petit cabaret, où l'on donne à manger à bas prix.

127. On ne doit pas nommer *seille*, un vaisseau propre à porter de l'eau; c'est ce que l'on appelle *un seau*.

128. On ne doit pas nommer *bagnolet*, une espèce de petit cuvier de bois qui a les bords fort bas; c'est ce que l'on appelle *un baquet*.

129. On n'appelle pas *beurrière*, le vaisseau dans lequel on bat le beurre; c'est ce qu'on appelle *une baratte*.

130. On n'appelle pas *battue*, ni *lait battu*, le lait qui reste dans la baratte après le beurre; on l'appelle *lait de beurre* ou *babeure. Boire de la babeure.*

131. On n'appelle pas *baveron*, la petite pièce de toile que les enfans portent par devant; cela se nomme *une bavette*.

132. On ne dit pas, *une écrivisse*, ni *une écrévisse;* mais *une écrevisse*.

133. On n'appelle pas, *nillon*, les noix dont on a exprimé l'huile; on peut appeler cela *du pain de noix*

134. On ne dit pas, *une bonne orgue;* le mot

orgue

orgue est masculin au singulier ; et féminin au pluriel : *Un bon orgue, de bonnes orgues.*

Il en est de même du mot délice : *C'est un grand délice. Il fait toutes ses délices de l'étude.*

135. On ne doit pas dire, *je vous observerai que....* mais *je vous ferai observer que....*

136. On ne doit pas dire, *je crois de faire ceci;* mais, *je crois que je ferai ceci.*

137. On ne dit pas, *tirer à l'arc, à l'arquebuse;* on dit, *tirer de l'arc, de l'arquebuse.*

S'il est permis de dire, *tirer au vol* pour tirer un oiseau pendant qu'il vole, il vaut cependant mieux dire, *tirer en volant;* c'est du moins la seule expression admise par l'Académie.

138. On ne dit pas, *une guête, des guêtes,* mais *une guètre, des guètres.*

139. On ne dit pas, *la grille du pied,* mais *la cheville du pied.*

140. On n'appelle pas *nilles* les *jointures* des doigts.

141. On n'appelle pas *copète* l'os du genou, on l'appelle *la rotule.*

142. Les mots *hache, hacher, hachette, hachis, hachure,* se prononcent en aspirant l'*h*, et avec l'*a* bref.

On ne doit donc pas dire, *donnez-moi l'hache, j'ai mangé de l'hachis,* mais *donnez-moi la hache, j'ai mangé du hachis.*

143. On ne dit pas, *faire des coulisses,* ni *des colisses dans un pré,* on dit, *faire des fossés, de petits fossés, des rigoles, de petites tranchées.*

144. On ne dit pas *une cheneau*, on dit *un chêneau.*

145. On ne dit pas, *airer une chambre*, mais *aérer une chambre.*

146. On ne dit pas, *ressortir d'un tel tribunal* pour en dépendre, mais *ressortir à un tel tribunal.*

On dit aussi, *il est ressortissant à tel tribunal.*

147. On ne doit pas appeler *jardinage* les herbes et les racines que l'on sert sur nos tables; cela s'appelle *du légume* ou *des légumes.*

148. On ne doit pas dire, *cet huile est bon*, mais *cette huile est bonne.*

149. On ne doit pas dire, *une grande incendie*, mais *un grand incendie.*

150. On ne doit pas appeler, *mouchon* de chandelle, un bout de chandelle.

151. On ne dit pas, *une bonne estomac*, mais *un bon estomac.* D'ailleurs le *C* final ne se prononce pas dans ce mot.

152. On ne doit pas dire *échirer*, *échirure*, mais *déchirer*, *déchirure.*

153. On ne dit pas, *une saule*, arbre, mais *un saule.*

154. On ne doit jamais dire, *un tirant*, pour *un tiroir*. On peut dire *les tirants* d'une bourse, pour les cordons qui servent à l'ouvrir et à la fermer, etc.

155. On ne doit pas dire, *un tirant d'air ;* je crois que *courant d'air* vaut beaucoup mieux.

Lorsque le vent se glisse au travers des fentes et des trous, on l'appelle *vent coulis. Il vient un vent coulis par cette porte. Je sens un vent coulis qui me donne sur l'épaule. Les vents coulis sont dangereux.*

156. On ne doit pas dire, *bument* pour *fumier*, ni *embumenter un champ* pour *fumer un champ.*

157. On ne dit pas, *le pommeau d'une canne*, mais *la pomme d'une canne.*

On dit *le pommeau d'une épée*, *d'une selle.*

158. On ne dit ni *boucharder*, ni *bouchard*, on dit *barbouiller* et *barbouillé.*

159. On n'appelle pas *pannosse* un linge dont on se sert pour torcher, pour essuyer la vaisselle, etc.; on l'appelle *torchon.*

160. On n'appelle pas *penne* la graisse dont la peau de différens animaux se trouve garnie, surtout au ventre; on la nomme *panne.*

Une *penne* est une grosse plume d'un oiseau de proie.

161. On ne doit pas dire, *je me suis pensé*, pour *j'ai pensé.*

162. On ne dit pas, *une caramelle*, mais *un caramel.*

163. On ne dit pas, *un poureau*, mais *un poireau* ou *un porreau.*

164. On ne dit pas, *un bon horloge*, mais *une bonne horloge.*

165. On ne dit pas, *un péril éminent*; on dit, *un péril imminent.*

166. On ne doit pas dire qu'*un tel a débité son sermon*; mais qu'*il a prononcé son sermon.*

On dit cependant, *débiter des nouvelles.*

On dit aussi, qu'*un homme a un beau débit*, qu'*il a le débit aisé*, *le débit agréable*, pour dire qu'il parle avec facilité et avec grâce.

167. On ne dit pas qu'*on s'est étanché* ou *ennocé*

ou *ennoucé*, pour exprimer qu'on s'est embarrassé le passage du gosier en avalant quelque chose; on dit qu'*on s'est engoué.*

168. On ne dit pas, *voilà des beaux hommes*, *du bon pain*, *de la bonne viande*, etc.; on dit, *voilà de beaux hommes*, *de bon pain*, *de bonne viande*, etc.

169. On n'appelle pas *mouchet* un assemblage du plusieurs filets de laine ou de soie liés ensemble comme par bouquets; cela s'appelle *une houppe.*

Un *plumet* est une plume d'autruche, préparée et mise autour du chapeau.

Le *panache* et non le *pennache*, est un assemblage de plumes dont on ombrage un casque.

L'*aigrette* est un bouquet fait de plusieurs sortes de plumes.

Les mots *floc* et *plumache* ne sont pas français.

170. On ne dit pas, *un apprentif*, *une apprentisse*, on dit, *un apprenti*, *une apprentie.*

171. On ne dit pas, *l'haie*, on dit, *la haie*, en aspirant l'*H.*

172. On n'appelle pas *lissu* l'eau qui a passé sur le linge de la lessive; on l'appelle *de la lessive.*

173. On n'appelle pas *lusé*, ni *lisé*, l'eau qui coule du fumier; on l'appelle *eau de fumier.*

174. On ne dit pas qu'*on a pris quelqu'un au chaud du lit*; mais qu'*on l'a pris au saut du lit* ou *au sortir du lit*; et l'on fait alors entendre par là qu'il se levait.

Si l'on veut exprimer qu'il n'était pas encore

levé, on peut dire qu'*on l'a pris au lit*, ou qu'*on l'a trouvé encore au lit.*

175. On ne dit pas, *avoir une enrouure*, on dit, *avoir un enrouement;* c'est-à-dire, être enroué.

176. On ne dit pas, *tirer le chapeau* ou *son chapeau à quelqu'un*, on dit, *ôter son chapeau à quelqu'un.*

177. On n'appelle pas *gy* le plâtre, on peut l'appeler *gypse.*

On ne dit, ni *gysser*, ni *gysseur*, ni *gypier;* on dit, *plâtrer un plafond*, *une cloison*, etc.; et l'on appelle *plâtrier*, l'ouvrier qui fait le plâtre et le marchand qui le vend.

178. On n'appelle pas *toast* l'action de porter aux convives la santé d'une personne absente; on l'appelle *un toste;* c'est du moins l'expression admise par l'Académie.

179. On ne doit pas dire, *je m'étonne s'il viendra;* on s'étonne d'une chose qui est, et non d'une chose incertaine.

180. On ne dit pas, *une toupine de beurre*, mais *un pot de beurre.*

On met aussi quelquefois le beurre dans des *tinettes* de bois.

181. On n'appelle pas *séret*, ni *sérassée* le lait caillé dont on a séparé le petit lait, et qui fait masse; on l'appelle *caillebotte* subst. fém.

182. On ne dit pas, *tergette*, on dit, *targette.*

183. On n'appelle pas, *ancelles*, ni *tavillons*, de petits ais minces et courts dont on couvre des maisons, etc.; on les appelle des *bardeaux.*

Dans quelques provinces de France, on

appelle ces petits ais, *des aisselles*, et de là nous avons fait *ancelles*.

184. Ce que nous appelons *un liteau* est proprement *une latte*.

On nomme *liteau* le lieu où le loup se repose pendant le jour, et *liteaux* au pluriel, des raies bleues qui sont vers les extrémités de quelques serviettes.

185. On n'appelle pas *courtine* un tas de fumier, on l'appelle tout simplement *un fumier*.

Si l'on fait un creux pour le recevoir, ce creux s'appelle *une fosse à fumier*.

Une *courtine* est un rideau de lit, ou une pièce de fortification.

186. On ne dit pas, *un carron*, on dit *une brique*.

187. On ne dit pas *de l'orgeade*, on dit *de l'orgeat*.

188. On n'appelle pas *cafetier* celui qui tient un café ; on l'appelle *limonadier*.

189. On n'appelle pas *banque*, ni *banche*, une sorte de table où il y a communément un tiroir fermant à clef, et dont les marchands se servent, soit pour compter leur argent, soit pour le serrer. Ce meuble s'appelle *un comptoir*.

190. On ne dit pas, *il y a deux heures de Lausanne à Morges*, on dit, *il y a deux lieues*.

191. On ne dit pas, *un civier de lièvre*, on dit, *un civet*.

192. On ne dit pas, *cette épisode est belle*, on dit, *cet épisode est beau*.

193. On ne dit pas, qu'une poule *clousse*, on dit qu'elle *closse*, ou qu'elle *glousse*.

194. On ne dit pas, *un cocombre*, on dit, *un concombre*.

195. On n'appelle pas *galette* la matière la plus grossière de la soie; on l'appelle *bourre de soie*.

On appelle *fleuret* le fil fait de la même matière, ainsi que le ruban formé de ce fil.

Une *galette* est une espèce de gâteau plat.

196. On ne dit pas, *une chevillière*, on dit, *un ruban de fil.*

En général, on appelle *ruban*, une espèce de tissu de soie, de fil, de laine, etc., qui est plat et mince, et qui ordinairement n'a pas plus de trois ou quatre doigts de large.

Le *galon* diffère du simple ruban en ce qu'il a plus de corps.

Le *padou* est un ruban moitié fil et moitié soie; il doit son nom à la ville de Padoue.

197. On ne dit pas *blancherie*, on dit, *blanchisserie.*

198. *Attache* et *cordon;* quelques exemples feront comprendre l'emploi de ces deux mots. On dit, *l'attache d'un limier*, *l'attache d'un lévrier*, *l'attache d'un cheval*, *mettre un chien à l'attache*, *mettre un cheval à l'attache.* On dit en revanche, *attacher quelque chose avec un cordon*, *les cordons d'une chemise*, *les cordons d'un soulier*, etc.

Dans ce sens, on appelle *cordon*, le ruban qui sert à lier, à attacher ou à pendre quelque chose. Ensorte, que le cordon n'est pas nécessairement rond.

199. On ne dit pas, *réduisez ces hardes*, ni *cachez ces hardes*, quand on veut les faire mettre à leur place, dans un lieu convenable; on dit, *serrez ces hardes.*

On dit aussi, dans ce sens, *resserrer une*

chose, pour la remettre dans le lieu d'où on l'avait tirée, et où elle était enfermée. *Resserrez ces papiers dans le cabinet. Resserrez cette vaisselle dans le buffet*, etc.

On ne dit pas non plus, *réduire une chambre*, pour mettre chaque chose à sa place dans une chambre; on dit, *ranger une chambre.*

200. On ne dit pas, *je vais vers la fontaine*, pour dire, *je vais à la fontaine.*

201. On donne différens noms dans le pays, à certains petits filets, souvent douloureux, qui s'enlèvent de la peau autour des ongles; le véritable est celui d'*envie;* c'est-à-dire qu'on les appelle comme ces marques que les enfans apportent quelquefois en naissant.

202. On ne dit pas que du lait *s'est tranché*, on dit qu'il *s'est caillé.* Quand il est devenu en grumeaux, on dit qu'il *s'est grumelé.*

203. Quand on va prendre un bain, on ne doit pas dire, *allons baigner*, on doit dire, *allons nous baigner.*

204. Chacun sait que le mot *boute-frou* n'est pas français, mais on sait moins généralement que le mot *boute-hors* le soit.

Ces deux expressions désignent également, la facilité de s'exprimer, et elles présentent la même image.

205. On ne dit pas, *cet homme est gringe*, pour faire entendre qu'il est mélancolique, triste, de fâcheuse, de mauvaise humeur; on dit, *cet homme est chagrin.*

206. On ne dit pas, *je vous promets que cela est ainsi*, on dit, *je vous assure*, etc.

Promettre, c'est s'engager à faire, à dire.

207. On ne dit pas, *cette exorde est trop courte*, on dit, *cet exorde est trop court.*

208. *Tempéramment;* on ne doit pas prononcer *tempéran-ment*, mais *tempéra-ment*, comme *médicament.*

209. On ne dit pas, *de la salade au rampon*, on dit, *de la salade de mâche.* C'est une espèce de valériane.

210. Dans les expressions, *poids de marc*, *marc d'or*, etc., on ne doit pas prononcer le *C.*

Il en est de même lorsqu'on parle du *marc de raisins*, du *marc de pommes*, etc.

211. On ne dit pas *réprésenter*, on dit *représenter.*

212. On ne dit pas *répentance*, on dit *repentance.*

213. On ne dit pas *réligion*, on dit *religion.*

214. On ne doit pas dire, en jouant, *quelle est la tourne?* on doit dire, *quelle est la retourne? La retourne est de pique; de cœur*, etc.

On dit aussi, *de quelle couleur tourne-t-il?* ou *qu'est-ce qui retourne? Il tourne du pique, il tourne pique, il retourne pique, cœur*, etc.

Dans ce sens, on ne dit pas, *le triomphe*, on dit, *la triomphe. De quoi est la triomphe? Quelle est la triomphe? La triomphe est de cœur. Combien avez-vous de triomphes? La triomphe est de pique, il faut faire à tout, jouez à tout, jouez un atout.*

215. *Faisant, je faisais*, on prononce *fesant, je fesais.*

216. On ne dit pas, *le péclet* ou *le piclet* d'une porte, on dit, *le loquet.*

217. On ne dit pas, *tirer à la cibe*, on dit, *tirer au blanc.* Le mot *cibe* n'est pas français.

218. On ne dit pas, *ce tems-là nous promet du gel*, on dit, *nous promet de la gelée.*

Le mot *dégel* est français, mais le mot *gel* ne l'est pas.

On dit, *de la gelée blanche*, plutôt que, *de la blanche gelée.*

219. Quelques personnes prétendent qu'on doit dire, *l'heure a frappé*, d'autres, *l'heure a sonné ;* ces deux expressions sont reçues. On dit, *l'heure a frappé*, *il a sonné midi*, *il est deux heures sonnées*, *l'heure vient de sonner*, *l'horloge a sonné deux heures.*

220. On ne doit pas dire, *il n'y a rien longtems que...* pour dire, *il y a fort peu de tems que...*

Cependant on peut dire, *il n'y a rien que nous l'avons vu*, *il n'y a rien qu'il était ici.*

On dit aussi, *en moins de rien j'aurai fait cela.*

221. On ne dit pas, *un chauffe-pieds*, on dit, *une chaufferette.* .

Quelquefois on appelle mal à propos *chaufferette*, *un réchaud.*

222. On ne dit pas, *un chauffe-lit*, on dit, *une bassinoire.*

On dit, *bassiner un lit*, c'est-à-dire le chauffer avec la bassinoire.

On peut chauffer un lit avec le meuble qu'on appelle *moine ;* cette expression est bonne.

223. On ne dit pas, *une chimagrée*, *des chimagrées ;* on dit, *une simagrée*, *des simagrées.*

224. On ne doit pas dire, *je veux tomber malade*, pour dire, *je vais tomber malade*, *je le prévois*, *je le crains.*

225. On ne dit pas, *une coitre* ou *une couettre;* on dit, *une coite* ou *une couette;* mais il vaut mieux dire, *un lit de plumes.*

On dit aussi, *une paillasse*, et non *un garde-paille.*

226. On ne dit pas, *un poire*, *un souris*, *une serpent ;* on dit, *une poire*, *une souris*, *un serpent.*

Je crois que cette observation sera inutile au plus grand nombre de mes lecteurs; mais elle ne m'a pas paru tout-à-fait superflue. Il en est de même de quelques autres articles de ce recueil.

227. On ne dit, ni *digession*, ni *digection*, on dit *digestion*, en prononçant la dernière syllabe comme celle de *bastion.*

228. On ne dit pas, *il ci viendra demain*, encore moins, *il s'y viendra demain ;* on dit, *il viendra demain*, ou *il viendra ici demain.*

229. On ne dit pas, *donnez me la*, *donnez me le*, on dit, *donnez-la moi*, *donnez-le moi.*

230. On ne dit pas, *les carosses suspendus trop haut sont sujets à renverser*, *nous avons renversé dans tel endroit ;* on dit, *sont sujets à verser*, *nous avons versé.*

On dit aussi, *un tel a versé sa voiture*, *il nous a versés deux fois.*

231. On ne dit pas, *cet homme est patet*, *c'est un patet*, *il ne fait que pateter ;* on dit, *cet homme est lent*, *c'est un lambin*, *il ne fait que lambiner.*

Si l'on attache au mot *patet* une idée de minutie et d'irrésolution, on dira, *cet homme est minutieux*, *irrésolu*, *il ne fait que lanterner*, *que barguigner*.

232. On ne dit pas, *pichogner*, pour manger négligemment, sans appétit, et en ne prenant que de très-petits morceaux ; on dit *pignocher*.

233 On ne dit pas, *une bonne appétit*, on dit, *un bon appétit*.

234. On ne dit pas, *une fourre d'oreiller*, *de traversin ;* on dit, *une taie d'oreiller*, de *traversin*. Fourre n'est pas français.

On peut remarquer que *traversin* et *chevet* sont synonymes ; cependant le premier de ces mots ne pourrait pas remplacer l'autre dans certaines phrases, comme celles-ci : *entretenir quelqu'un au chevet de son lit ; c'est mon épée de chevet*.

Le mot *chevet* a aussi d'autres acceptions.

235. On ne dit pas, *un coissin*, on dit, *un coussin*.

236. On ne dit pas, *aventez ce livre*, *ces papiers de dessus cette tablette ;* on dit, *aveignez ce livre*, *ces papiers*. Ce verbe fait à l'infinitif *aveindre*. Il est familier.

237. On ne dit pas, *cette affaire est croustilleuse*, pour dire qu'elle offre des difficultés, des embarras, qu'*elle est épineuse*.

Ce qui est *croustilleux* est plaisant, drôle. *Voilà qui est croustilleux*. *Cet homme est croustilleux*.

238. On ne dit pas, *aller au rencontre de quelqu'un ;* on dit, *aller à la rencontre*.

239. On ne peut pas dire que *la vaisselle dépose dans un buffet*, parce que le verbe déposer est toujours actif. On pourrait dire que *la vaisselle est déposée*, mais cela signifierait un

dépôt confié. Dans le sens actuel il faut une autre expression.

240 On ne dit pas, *se rappeler d'une chose*, on dit, *se rappeler une chose.*

En revanche, on dit, *se souvenir d'une chose.*

241. On n'appelle pas *encoche*, une entaille, une entaillure faite en un corps solide ; on l'appelle *une coche. La coche d'une arbalète, d'une flèche. Faire une coche à un bâton. Il y a tant de coches sur cette taille.*

Encocher signifie, mettre la corde d'un arc dans la coche d'une flèche. Et l'on dit qu'*une flèche est encochée*, quand elle a la corde dans la coche. De là vient le mot de *décocher* une flèche.

Une entaillure s'appelle aussi une *hoche. Faire une hoche.* H s'aspire.

242. On ne dit pas, *une vergette*, on dit, *des vergettes*, subst. fém. pluriel. *Voilà de bonnes vergettes.*

243. On ne dit pas, *épouffer de rire*, on dit, *pouffer de rire. Epouffer* ou *s'épouffer* signifie s'enfuir secrétement, se dérober, disparaître. *On le poursuivait, il s'est épouffé dans la foule.*

244. Le bois que nous appelons *foyard*, est proprement du *hètre.*

Cependant, les Auteurs d'histoire naturelle l'appellent aussi *fau* ou *fayard.*

245. Le fruit du fayard que nous appelons de la *fouine*, s'appelle de la *faine.* Bomare le nomme aussi *fouesne.*

246. On ne dit pas, *cet étoffe est fort*, mais *cette étoffe est forte.*

247. Ce que nous appelons absolument *des racines* ou quelquefois *des racines jaunes*, s'appelle proprement *des carottes.*

248. On n'appelle pas *écritoire* un petit vase dans lequel on met de l'encre; on l'appelle *un encrier.*

Une écritoire est ce qui contient ou renferme les choses nécessaires pour écrire, encre, papier, plume, canif, etc.; c'est ce que nous appelons improprement *un secrétaire.* La partie de l'écritoire dans laquelle on met de l'encre s'appelle alors *le cornet.*

On n'appelle pas non plus *sablier* la petite boîte d'argent, de cuivre, etc., percée de plusieurs petits trous par le dessus, et qu'on emplit de poudre pour mettre sur l'écriture fraîche; on l'appelle *un poudrier.*

Un sablier ou *un sable* est une espèce d'horloge de verre, qui mesure le tems par le sable qu'on y renferme; c'est ce que nous nommons improprement *un clepsydre. La clepsydre* et non *le clepsydre*, était une horloge d'eau en usage chez les anciens.

249. On ne dit pas, *des grus*, *de la soupe aux grus;* on dit, pour l'un et l'autre, *du gruau. Le gruau est fort rafraîchissant. Le gruau engraisse.*

250. On ne dit pas, *des meures*, *des meurons*, *des meuriers;* on dit, *des mûres*, *des mûres sauvages*, *des mûriers.*

251. On ne dit pas, *ce fruit est meur*, *cette poire est meure;* on dit, *ce fruit est mûr*, *cette poire est mûre.*

252. On ne dit pas, *dernier la maison;* on dit, *derrière la maison.*

253. On ne dit pas, *un confisseur;* on dit, *un confiseur*, l'*S* se prononçant comme un Z, à cause des deux voyelles.

Du reste, les marchands que nous nommons ainsi, sont plutôt des *confituriers.* Le confiseur possède le talent de faire des confitures et souvent n'en vend point; le confiturier les fait et les vend. Le confiseur n'est pas toujours confiturier; le confiturier doit être confiseur.

254. On ne dit pas, *détacher un habit*, pour dire, *en ôter les taches.* Mais si un habit est taché de graisse, on le fait *dégraisser.*

255. On doit dire, en général, *de la glaise*, *de la terre glaise* ou *de l'argile*, plutôt que *de la terre grasse.*

La *terre grasse* est une argile dont on se sert pour dégraisser les habits et pour en ôter les taches.

256. On ne dit pas, *de la raisinée ;* on dit *du raisiné.* Du reste, *le raisiné*, proprement dit, n'est pas tout-à-fait notre raisinée : c'est une confiture liquide faite de raisins doux, et ordinairement avec du miel au lieu de sucre.

Le poiré est une sorte de boisson faite de poires.

Le pommé ou *le cidre* est une boisson faite de jus de pommes pressurées.

257. Quoique notre expression, *donnez voir*, *apportez voir*, etc., ne soit peut-être pas très-usitée en France, je crois qu'elle peut être tolérée, comme l'équivalent de celle-ci : *donnez un peu*, *apportez un peu*, etc. On trouve dans le Dictionnaire de l'Académie cette phrase : *Donnez-moi un peu la pincette.*

258. Les tems du verbe *jeter* s'écrivent les uns avec un seul *t*, les autres avec deux. On écrit

et on prononce, *jeter*, *je jette*, *j'ai jeté*, *je jetterai*, *jetant*, etc. Il en est de même des verbes *projeter*, *interjeter*, etc. (V. le n°. 3).

259. On ne dit pas, *j'ai l'estomac gonfle*, *cet homme est trempe de sueur*; on dit, *gonflé*, *trempé*. (V. le n°. 48).

260. Nous n'employons pas toujours à propos les mots *escalier* et *degré*.

L'*escalier* est toute la partie du bâtiment qui sert à monter et descendre.

Le mot *degré* peut s'appliquer, tantôt à l'escalier même, tantôt à une seule *marche* de l'escalier. Dans ce sens on dit, *monter les degrés*, *descendre les degrés*, etc.

La *rampe* est la partie de l'escalier qui va d'un palier à un autre.

Une montée est un petit escalier d'une petite maison. *Montée étroite. Montée roide. Monter la montée. Descendre la montée.* Ce mot peut désigner aussi une des marches. *Il y a là une montée rompue. Il descend les montées trois à trois*, *quatre à quatre*. Il est populaire.

261. Bien des gens prétendent qu'on ne doit pas dire, *monter en haut*, *descendre en bas*; ces expressions sont cependant autorisées par l'Académie. (Voyez les mots *Haut* et *Bas* dans le Dictionnaire.) C'est une espèce de pléonasme, qui donne plus de force au discours, et qui marque mieux la direction de celui qui monte ou qui descend.

262. On ne dit pas, *une pierre qui tomba*, *pensa de le tuer*; on dit, *pensa le tuer*.

263. On ne dit pas, *tel que soit l'engagement que vous avez*, *telle que soit votre intention*; on

on dit, *quel que soit l'engagement, quelle que soit votre intention.*

264. On écrit communément, *un pacha à trois queues*, *le capitan-pacha*, *etc.* L'Académie écrit *Bacha;* mais elle indique que les Turcs prononcent *Pacha* et les Italiens *Bassa.*

265. On ne dit pas, *auparavant son arrivée je ferai*, *auparavant d'aller j'écrirai*, *auparavant qu'il vienne il faudra*, etc; on dit, *avant son arrivée*, *avant d'aller*, *avant qu'il vienne*, etc.

266. On n'appelle pas *tractation*, la manière de traiter un sujet en écrivant.

267. On ne dit pas, *un écové ;* on dit, *un écouvillon.*

On dit aussi, *écouvillonner le four*, *le four est écouvillonné.*

268. On ne dit pas, *griller du café ;* on dit, *rôtir du café.*

Griller c'est rôtir sur le gril. *Griller des saucisses*, *des cuisses de poularde*, *des côtelettes.*

Du reste, l'ô est long dans les mots *rôti*, *rôtie*, *rôtir*, etc., dans lesquels nous le faisons mal à propos bref.

269. On ne dit pas qu'on fait des tuiles à la *tuilière*, mais à la *tuilerie.*

270. On ne doit pas appeler *écorces-noires* des *scorsonères.*

271. On ne doit pas dire, *ce tantôt*, pour *ce soir*, ou cette *après-midi.* On peut dire *tantôt. Je l'ai vu ce matin et je le reverrai encore tantôt;* ce qui proprement signifie *dans peu de tems.*

272. On ne dit pas, *cela est bien tentatif*, *l'occasion est bien tentative:* on dit, *cela est bien tentant*, *l'occasion est bien tentante.*

273. On ne dit pas, *camber un ruisseau ;* on dit, *enjamber un ruisseau*, *il a enjambé par dessus.*

274. On ne dit pas, *gauler une robe;* on dit, *crotter une robe.*

On *gaule* un arbre, c'est-à-dire qu'on le bat avec une gaule pour en faire tomber le fruit. *Gauler un pommier*, *un poirier.*

On dit aussi, dans le même sens, *gauler des noix*, *des châtaignes.*

275. On ne dit pas d'une personne qui reste confuse et interdite, ou qui a été fustrée de son espérance, qu'*elle est demeurée capote ;* on dit qu'*elle est demeurée capot ;* comme on dit qu'une personne est *capot* au piquet, quand elle ne fait aucune levée.

276. On ne dit pas, *gratigner ;* on dit, *égratigner.*

277. On ne dit pas, *une brassière;* on dit, *des brassières*, subst. fém. pluriel.

278. On ne dit pas, *un déjeûner-dînatoire*, ni *un goûter-soupatoire ;* on dit, *un déjeûner-dîner*, et *un goûter-souper.*

279. On ne dit pas, *ce mari et cette femme se sont divorcés*, ni *divorciés ;* on dit, *ce mari et cette femme ont fait divorce.*

280. On ne dit pas, *les dixmes et les censes ;* on dit, *les dixmes et les cens*, ou *la dixme et le cens.*

Une cense est, dans quelques provinces, une métairie, une ferme.

On appelle *une censière*, celle qui tient une cense à ferme. Ainsi ce mot n'a point la signification que nous lui donnons.

281. On ne dit pas, *une coupille* de montre, etc.; on dit, *une goupille*.

282. On ne dit pas, *cet homme est mol;* on dit, *cet homme est mou.* Ce mot fait toujours *mou* au masculin.

283. On ne dit pas, *huitante;* on dirait plutôt *octante;* mais ce mot est vieux; l'usage est de dire, *quatre-vingt*.

Il vaut aussi mieux dire, *soixante-dix* et *quatre-vingt-dix*, que *septante* et *nonante.*

284. On ne doit pas prononcer, *du bouli*, *de la boulie;* on doit dire, *du bouilli*, *de la bouillie*, en mouillant la double *LL*.

285. On ne doit pas prononcer l'*L* dans *fusil à vent*, pas plus que dans *fusil à deux coups.*

Du reste, il vaut peut-être mieux dire, *arquebuse à vent*, parce que cette machine ne contient point de pièce qui fasse l'office d'un briquet ou fusil.

286. On ne dit pas, *un carreau de jardin;* on dit, *un carré de jardin.* On dit aussi *une planche.. Une planche de pourpier*, *de chicorée*, *de tulipes.*

287. On n'appelle pas, *râtelet de mouton*, la pièce du quartier de devant d'un mouton, lorsque le collet et l'épaule en sont dehors; c'est ce qu'on appelle, *un carré de mouton*, ou *un haut côté.*

288. On n'appelle pas, *souscarre*, cette petite pièce de toile qu'on met à la manche d'une

chemise à l'endroit de l'aisselle; on l'appelle, *un gousset.*

On appelle aussi *gousset* le creux de l'aisselle, le bourson qu'on met en dedans de la ceinture de la culotte; et une espèce de petite console de menuiserie servant à soutenir des tablettes.

289. On ne dit pas, *une tourtelette;* on dit, *une tartelette.*

Les pièces de pâtisserie que nous appelons ordinairement des *gâteaux* et des *tourtes*, sont plutôt des *tartes.* La tarte n'est point couverte par dessus, ou son couvercle est découpé ou composé de bandes de pâte. Il paraît que la tourte a plus de relief et qu'elle est couverte; elle se rapproche davantage du *paté.* Le gâteau est fait ordinairement avec de la farine, du beurre et des œufs.

Du reste, on ne dit pas, *tourte aux pigeonnaux*, *à la moelle*, *aux épinards*, *aux confitures;* on dit, *tourte de pigeonnaux*, *de moelle*, *d'épinards*, *de confitures.*

On dit cependant, *tarte à la crême.*

290. On n'appelle pas, *une riseule*, une sorte de menue pâtisserie qui est faite de viande hâchée, enveloppée dans de la pâte et frite; on l'appelle *une rissole.*

On dit aussi, *rissoler*, cuire, rôtir de manière que ce que l'on rôtit prenne une couleur rousse et appétissante. *Le feu a bien rissolé ce cochon de lait. Il l'a trop rissolé. Cette viande commence à se rissoler*

On dit d'un homme fort hâlé, et dont le soleil a brûlé la peau du visage, qu'*il a le visage rissolé.*

291. On ne dit pas qu'un oiseau donne *la béchée* à ses petits ; on dit qu'il donne *la becquée.*

292. On ne dit pas, *c'est un gros bétard ;* on dit, *c'est un gros bêta.*

293. On ne dit pas, *une poire beurrée grise*, *beurrée rouge*, etc. ; on dit, *une poire beurré gris*, *beurré rouge*, etc.

294. On n'appelle pas *épargne*, un instrument qu'on met dans le chandelier pour brûler une chandelle jusqu'au bout ; on l'appelle *un binet.* — *Faire binet*, c'est mettre un bout de chandelle ou de bougie sur le binet.

295. On n'apelle pas *blette*, une plante à fleurs hermaphrodites, dont on sert les feuilles accommodées sur nos tables ; on l'appelle *bette* ou *poirée.*

La *blette* est une autre plante, qui a des fleurs mâles et femelles séparées, sur le même pied.

296. On n'appelle pas *carotte rouge*, une plante qui est une variété de la précédente, et dont nous mangeons la racine en salade ; on l'appelle *betterave* ou *poirée rouge. Salade de betterave.*

La carotte est une plante d'un autre genre, et dont la racine, que l'on mange aussi en salade ou accommodée, est jaune ou rougeâtre ; c'est ce que nous appelons ordinairement dans le pays, *des racines.* (Voyez n°. 247.).

297. On ne dit pas d'un homme qui a les jambes tortues, qu'il est *cagneux* ou *bancal.* Le premier de ces mots est français et s'applique à celui qui a les genoux et les jambes

tournés en dedans. *Un homme cagneux*, *une femme cagneuse.* On dit aussi, *il a les jambes cagneuses*, *il a les pieds cagneux.* Le second n'est français qu'au féminin, mais c'est un terme populaire et de dénigrement; il se dit d'une femme qui a les jambes tortues: *c'est une bancalle;* tout comme on dit d'un homme qui est dans le même cas, *c'est un bancroche.*

Qand ce défaut de conformation, chez un homme ou chez une femme, s'étend à d'autres parties, à l'occasion d'une maladie qni consiste principalement dans la courbure de l'épine du dos et de la plupart des os longs, dans des nœuds qui se forment aux articulations, et dans le rétrécissement de la poitrine, on dit qu'ils sont *rachitiques;* et la maladie elle-même s'appelle *le rachitis.* On dit aussi des enfans qui en sont attaqués, qu'*ils sont noués.*

Le blé est sujet à une maladie qui rend ses tiges tortues et nouées, et l'on dit alors par extension, qu'*il est rachitique.* La maladie elle-même s'appelle, *le rachitisme du blé.*

298. On ne dit pas, *un clédar;* on dit, *une barrière.*

299. On ne dit pas, *un gauffre*, ni *un brisselet*, on dit, *une gauffre.*

300. On ne dit pas, *banderet*, on dit, *banneret.*

301. On n'appelle pas *semens*, les grains que l'on sème; on les appelle *de la semence. Blé de semence. Combien faudra-t-il de semence pour semer cette pièce de terre? Un boisseau de semence.*

302. On n'appelle pas *record*, l'herbe qui revient dans les prés après qu'ils ont été fauchés ; on l'appelle *regain*.

303. Un marchand ne doit pas dire, qu'on trouvera chez lui telle ou telle marchandise *à la continue;* pour dire qu'il en sera *continuellement* ou *continuement* pourvu.

A la continue est une expression *française*, mais elle signifie, à la longue, à force de continuer. *Il travaille d'abord avec ardeur, mais à la continue il se ralentit; à la continue il se lasse.*

304. Le mot *battologie*, qui est français, et qui signifie la répétition inutile d'une même chose, me détermine à citer une expression analogue, employée quelquefois dans le langage très-familier du pays; mais qui n'est point française; c'est celle de *batollier*, ou *batouiller. Elle ne fait que batollier, c'est une franche batollie.*

305. Ceci me rappelle un autre terme familier du pays, c'est celui de *virevoute;* nous le substituons au mot français *virevousse*, qui se dit figurément et familièrement par corruption de virevolte. *Cet homme fait bien des virevousses.*

Virevolte subst. fém. tour et retour faits avec vîtesse. *Il a fait faire cent virevoltes à son cheval.*

306. On n'appelle pas *serment*, le bois que pousse le cep de vigne ; on l'appelle *sarment*.

307. Un homme fatigué ne doit pas dire, *je suis lasse;* mais *je suis las.*

308. On ne doit pas dire, *je crains la transpiration*, ou *les transpirations*, pour dire, *je crains les courants d'air* ou *les vents coulis*. (Voyez n°. 155.)

La *transpiration* est la sortie des humeurs par les pores de la peau.

309. On ne dit pas, *de l'empois blanche;* mais *de l'empois blanc*. (Voyez n°. 85.)

310. On ne dit pas, *ces haricots sont bonnes*, mais *ces haricots sont bons*. Du reste l'*H* s'aspire.

311. On ne dit pas, *mietter du pain*, *du sucre*; on dit, *émietter* ou *émier*.

312. On ne dit pas, *la ville et ses alentours*, pour *la ville et ses environs*. On dirait plutôt *ses entours*. *Il s'est assuré des entours de la place*.

Mais on dit, *tourner à l'entour*, *les échos d'alentour*, *les bois d'alentour*.

313. On ne dit pas, *eccætera* ni *eccætra;* mais *et cætera*, en prononçant le *T* du premier mot.

314. On ne dit pas, *la repourvue d'une vacance;* on *pourvoit à* une place vacante, on *en pourvoit* quelqu'un; mais on ne pourvoit pas la vacance. D'ailleurs le mot repourvue n'est pas français.

315. On ne dit pas, *manger des bignets* ni *des beugnets*, mais *des beignets*. *Beignet de pommes*. *Faire des beignets*.

316. On n'appelle pas *rebrandons* ou *rebrondons*, les nouvelles pousses du chou; on peut appeler cela, *des rejets de chou*.

317. On ne dit pas, *de fréquentes érésipèles;* on dit, *de fréquens érysipèles. Erysipèle dartreux, érysipèle flegmoneux.*

318. Lorsqu'une personne demeure capot, on ne dit pas qu'elle est *capotisée. Capotiser* n'est pas français. (Voyez n°. 275.)

319. On ne dit pas, *il est de delà*, pour dire; il est dans l'autre chambre.

Si l'on disait que quelqu'un *est de delà les monts*, cela signifierait, qu'il est d'un pays situé *delà les monts, au delà des monts.*

320. On ne dit pas, *donner un tour de promenade, donner un tour en ville;* on dit, *faire un tour de promenade, faire un tour en ville. Il fit deux tours par la chambre. Faire un tour dans le jardin, un tour de jardin, deux tours d'allée. Faites un tour jusque-là. Vous faites bien des tours.*

321. On ne doit pas dire, *une écouvre*, pour *un écrou de pressoir.*

322. On ne doit pas appeler *pilon*, le vase dans lequel on pile certaines choses; ce vase s'appelle *mortier*. Le *pilon* est l'instrument dont on se sert pour piler dans le mortier. *Un mortier de fonte. Un mortier de marbre. Le pilon d'un mortier.*

323. On ne doit pas dire, *cette chambre ici*, pour *cette chambre-ci.*

324. On ne dit pas, *pour quelle raison que ce soit;* mais *pour quelque raison que ce soit.*

325. On n'appelle pas *bombarde*, un petit instrument de fer, qui a une languette au milieu, et dont on tire du son en le mettant entre les dents, et en le touchant avec le

bout du doigt; on l'appelle *trompe*, subst. fém. ou *trompe à laquais*.

326. On ne doit pas dire, *une demi-batz* ou *une demi-bache;* mais *un demi-batz* ou *un demi-bache;* parce que le mot *batz* ou *bache* n'est pas féminin.

327. On ne doit pas dire, *la nuit est si noire qu'on ne voit pas une goutte;* mais, *la nuit est si noire qu'on ne voit goutte.*

328. On ne dit pas, *jurisdiction;* on dit, *juridiction.*

329. On ne dit pas, *brisoler des châtaignes;* mais *rôtir des châtaignes.*

Ce mot de *brisoler* viendrait-il de *rissoler?* (Voyez le n°. 290.); ou de *brasiller*, faire griller un peu de tems sur la braise? *Faire brasiller des pêches. Des pêches brasillées.*

330. On n'appelle pas *charnier* ni *carnier*, le sac où l'on met le gibier qu'on a tué à la chasse; on l'appelle *une carnassière.*

Un charnier est un lieu où l'on met les os des morts, ou une espèce de galerie autour d'une église.

331. On ne doit pas appeler, *carre de pluie*, une pluie subite et abondante; c'est ce qu'on appelle *une averse. Nous essuyames une averse.*

On dit *la carre d'un chapeau*, *d'un habit*, *d'un soulier*, *d'une personne.* Voyez ces mots et celui de *carrure* dans le Dictionnaire de l'Acad.

332. On ne dit pas, *bailler aux corneilles;* on dit, *bayer aux corneilles.*

333. On ne dit plus *bienveuillant*, *bienveuillance;* on dit *bienveillant*, *bienveillance.*

334. On ne dit pas d'un homme qui est louche, qui a un œil ou les deux yeux tournés en dedans, qu'*il est bicle;* on dit qu'*il est bigle. Un homme bigle. Une femme bigle.*

On dit aussi *bigler. Il bigle. Il s'accoutume à bigler.*

335. Quelques personnes croient qu'il ne faut pas appeler *bise* le vent du nord; ce mot est français. *Vent de bise. Il fait une bise tranchante, une bise qui coupe. Lieu exposé à la bise.*

336. On n'appelle pas *mille canton*, du fretin, du menu poisson; on l'appelle, *de la blanchaille.* On l'appelle aussi du *frai*, quoique ce mot désigne ordinairement des œufs de poisson mêlés avec ce qui les rend féconds.

337. On n'appelle pas *raisson*, ce qui tombe du bois quand on le scie; on l'appelle *sciure. De la sciure de buis.*

338. On ne dit pas, *récurer de la vaisselle, une chambre*, etc.; on dit, *écurer.*

On n'appelle pas non plus, *récureuse*, celle qui écure; on l'appelle *écureuse.*

339. On ne dit pas, *de la baudruche*, pour une pellicule de boyau de bœuf, dont les batteurs d'or se servent; on dit, *du baudruche.*

La bodruche, avec un *O*, est une sorte de parchemin très-fin, fait de boyau de bœuf.

340. On ne dit pas, en terme de chasse, *hoper*, pour appeler son compagnon; mais *houper.*

341. On ne dit pas, *foussoyer;* on dit, *fossoyer.* Ce terme est employé par l'abbé Rosier, dans le sens de, fouir la terre. Cependant l'Académie dit que *fossoyer*, c'est fermer avec des fossés. *Pré fossoyé. Maison fossoyée.*

Le mot *foussoir* ou *fossoir* n'est pas français.

L'instrument que nous nommons ainsi, est *une houe*, soit qu'il n'ait qu'un fer entier plat et plus ou moins large, soit qu'il ait un fer composé de deux branches ou dents d'une certaine longueur. Dans ce dernier cas, on dit, *houe à deux branches*, ou *hoyau. Houer*, c'est labourer avec la houe. *Il faut houer cette terre, ce jardin. Ce vigneron ne fait que houer toute la journée.*

342. On ne dit pas *sercler*, pour arracher les méchantes herbes; on dit *sarcler.* On appelle *sarcleur* celui qui sarcle, *sarclures* les herbes que l'on a arrachées en sarclant, et *sarcloir* un instrument propre à sarcler.

Ce que nous nommons mal à propos *sercloret*, s'appelle *une binette* ou *une serfouette* ou *une petite houe.*

343. On n'appelle pas *bordon*, une espèce de grosse abeille; on *l'appelle bourdon.*

On appelle aussi *bourdon*, le bâton des pélerins; et non *bordon*, ni *dordon.*

344. On n'appelle pas *bourreaude* une femme cruelle. La femme du Bourreau s'appelle *Bourrelle;* et l'on dit figurément et populairement, d'une mère qui traite ses enfans avec une dureté excessive, que *c'est une véritable bourrelle.*

345. On n'appelle pas *patin*, ni *pied*, le linge dont on enveloppe un enfant, sous son lange ; on l'appelle *braie*. *Attacher une braie à un enfant. Lui changer de braie.*

On l'appelle aussi *couche*. *On a donné à la nourrice une douzaine de couches. Changer un enfant de couches. Couche à dentelle.*

Le mot *drapeaux*, au pluriel, se dit de ce qui sert à emmailloter un enfant. *Sécher les drapeaux d'un enfant.*

On appelle aussi *drapeau*, un haillon, un vieux morceau de linge ou d'étoffe. *Le papier se fait avec de vieux drapeaux de linge. Ramasser des drapeaux.*

Un chiffon de toile qui sert à faire du papier s'appelle aussi une *drille*. (Voyez n°. 76.)

346. On ne dit pas, *branter un tonneau*, *branter du vin*, etc. ; on dit *soufrer un tonneau*, *soufrer du vin*, etc.

On ne dit pas, non plus, *du bran*, pour *du papier soufré*, ou *de la toile soufrée*. On appelle *bran*, la matière fécale, et *bran de son*, la plus grosse partie du son, etc.

347. On n'appelle pas, *brantevin*, l'eau de vie ; mais *brandevin*.

348. On ne dit pas, *branquer un canon*, *une lunette*, etc ; on dit, *braquer*.

349. On n'appelle pas, *bassine*, une espèce de bassin où l'on met de la braise pour échauffer une chambre ; on l'appelle *brasier*. *Un brasier d'argent*, *de cuivre*, *de fonte*.

350. On ne dit pas d'une personne qui a perdu quelqu'une des dents de-devant, qu'elle est

berche; on dit qu'elle est *brèche-dent. Cet homme est brèche-dent. Cette femme est brèche-dent.*

Une berche est une petite pièce de canon de fonte verte. C'est un terme de Marine.

351. On ne dit pas d'une personne qui fait les choses sans exactitude et sans réflexion, qu'elle est *une breloque*, ou *une bredouille. Une breloque* est une curiosité de peu de valeur. *Bredouille* est un terme du trictrac. Mais on dit figurément et familièrement, *sortir bredouille d'un lieu, d'une assemblée*, pour dire, en sortir sans avoir pu rien faire de ce que l'on s'était proposé.

Bredouiller, c'est parler d'un manière mal articulée et peu distincte; et l'on appelle *bredouilleur, euse*, celui ou celle qui bredouille. *On n'entend point ce qu'il dit, c'est un bredouilleur.*

352. On ne dit pas *broussailler*, pour courir à cheval ou à pied au travers des bois les plus épais et les plus forts; on dit *brosser. Brosser dans les forêts, dans les bois.*

353. On ne dit pas, *le brouillard* d'une lettre, on dit, *le brouillon. Voilà mon brouillon. Je n'en ai fait qu'un brouillon.*

354. On ne dit pas, *il sent ici le brûlon;* on dit *il sent ici le brûlé. Cette bouillie sent le brûlé, a un goût de brûlé.*

355. Notre patois, *faire la buie*, pour faire la lessive, est presque français, car on dit *la buée;* mais ce mot est vieux.

On appelle *une buanderie*, un lieu où sont un fourneau et des cuviers pour faire la lessive. C'est ce que nous nommons, *une chambre à lessive.*

356. On ne dit pas, *une busque;* on dit, *un busc. Mettre un busc. Porter un busc.*

357. On n'appelle pas *cadeau* un don, un présent; du moins l'Académie ne prend pas ce mot dans ce sens. Un cadeau est un repas, un fête que l'on donne, principalement à des Dames. *Donner un grand cadeau.* On dit figurément et familièrement dans le même sens: *je m'en fais un grand cadeau*; pour dire, je m'en promets un grand plaisir.

Un cadeau est aussi un trait de plume grand et hardi, qui se fait sans lever la main, et qui marque quelque figure. *Faire des cadeaux.*

358. On n'appelle pas *cagnard* une espèce de petite alcove. *Cagnard* est adjectif et substantif et signifie, dans le langage familier, fainéant, paresseux. *Il mène une vie cagnarde. C'est un cagnard.*

On dit aussi, dans le même sens, *cagnarder* et *cagnardise. Cet homme ne fait plus que cagnarder.*

359. On n'appelle pas *calamande* ou *calamandre*, une étoffe de laine lustrée d'un côté; on l'appelle *calmande.*

360. On ne dit pas, *une pomme calvine;* on dit, *une pomme de calville. Un calville rouge. Une calville blanc. Voilà de beau calville.*

361. On ne dit pas *camamille;* on dit *camomille.*

362. On ne dit pas, *une secoupe;* on dit *une soucoupe.*

363. On ne dit pas, *faire démortir de l'eau*, la faire chauffer un peu; on dit, *faire dégourdir de l'eau.*

364. On ne dit pas *cochemar*, on dit *cauchemar*.

365. On n'appelle pas *caville*, une méprise, une erreur où l'on tombe par ignorance, par inadvertance; on l'appelle *bévue. Il a fait une infinité de bévues dans son livre. Il n'entend rien aux affaires de finance, il y fait à toute heure des bévues.*

366. On ne dit pas, *un costic* ou *un caustic* ou *un caustique*, pour une ouverture faite dans la chair, etc.; on dit *un cautère. Se faire un cautère au bras. Panser un cautère. Laisser fermer un cautère.*

On dit d'une matière qui est brûlante, corrosive, qui a la propriété d'entamer la peau, etc, qu'elle est *caustique. Remède caustique. Herbe caustique.*

On appelle aussi substantivement, le *caustique lunaire*, la pierre infernale.

Enfin, on appelle aussi *cautère*, la matière caustique, ou le caustique, avec lequel on fait à la peau l'ouverture dont nous avons parlé. *Appliquer un cautère.*

367. On ne dit pas qu'une personne a *les yeux cassés*, on dit qu'elle les a *battus*, ou *cernés.*

368. On ne dit pas *enchapler* ou *enchapeler une faux;* on dit *rebattre une faux.*

Enchapeler n'est pas français, mais *chapeler* l'est; on dit *chapeler du pain*, c'est-à-dire, ôter le dessus de la croûte du pain. Et ce que l'on a ainsi ôté s'appelle *chapelure.*

Mettre

Mettre de la chapelure, des chapelures de pain dans une sausse pour l'épaissir.

369. On n'appelle pas *droit de focage* ou *d'affouage*, le droit de couper dans une forêt une certaine quantité de bois pour se chauffer; on l'appelle *droit de chauffage*.

Le *droit de fouage*, est une sorte de droit et de redevance qui se paye en certaines Provinces par chaque feu ou maison.

370. On ne dit pas, *un chenevier;* on dit *une chenevière. Epouvantail à chenevière.*

371. On ne dit pas, *du chenevard*, pour de la graine de chanvre; on dit *du chenevis. Mettre du chenevis dans l'auget.*

372. On ne dit pas, *jouer à clicli-mouchette:* on dit *jouer à cligne-musette.*

373. On ne dit pas, *cligner les yeux*, pour remuer et baisser les paupières fréquemment, coup sur coup; on dit *clignoter. Il ne fait que clignoter. Clignoter les yeux. Il est sujet à un clignotement d'yeux continuel.*

Cligner les yeux, *cligner l'œil*, c'est fermer l'œil, fermer les yeux à demi. *Tenir les yeux clignés. Il est sujet à un clignement d'yeux.*

Ciller les yeux, c'est les fermer et les rouvrir dans le moment. *Ciller les yeux. Ciller les paupières.* On dit aussi *cillement.*

Un clin d'œil, est un prompt mouvement de la paupière, qu'on baisse et qu'on relève au même instant. *Se faire obéir par un clin d'œil. Cela sera fait en un clin d'œil,*

374. On ne dit pas que les grenouilles *croassent*; on dit qu'elles *coassent*. On dit aussi, *le coassement des grenouilles*.

Mais en revanche on dit, *les corbeaux croassent*, et *le croassement des corbeaux*. Ce mot s'emploie aussi au figuré: *C'est un méchant Poëte qui ne fait que croasser.*

375. On n'appelle pas *castagnette*, ni *traclette*, ni *taquenette*, une sorte d'instrument fait de deux os, ou de deux morceaux de bois qu'on se met entre les doigts et dont on tire quelque son mesuré, en les battant l'un contre l'autre; on l'appelle *cliquette*. *Jouer des cliquettes. Une cliquette de ladre. Les ordonnances obligeaient autrefois les ladres à porter des cliquettes, afin qu'on se détournât de leur chemin.*

Le mot *castagnette* désigne un instrument composé de deux petits morceaux de bois creusés, que l'on tient dans la main, et que l'on frappe l'un contre l'autre en cadence, en mettant les deux concavités l'une contre l'autre. *Jouer des castagnettes. Danser avec des castagnettes.*

376. On ne doit pas appeler *collègues*, ceux qui sont d'une même compagnie, d'un même corps; on doit les appeler *confrères*. *Ils sont tous deux de l'Académie, ils sont confrères. Nous avons un nouveau confrère.*

Un collègue est un compagnon en dignité, ou qui a égale puissance en même magistrature, ou même négociation, ou même commission, comme étaient autrefois les deux Consuls de Rome, etc.

Ce mot de *collègue* se dit de ceux qui sont en petit nombre, comme celui de *confrère* de ceux qui sont d'une compagnie nombreuse.

377. On ne dit pas, *une procure;* on dit *une procuration. Il agit en vertu de procuration. Il a une ample procuration.*

378. On ne dit pas *les communs*, pour les pâturages où les habitans d'un ou plusieurs villages ont droit d'envoyer leurs troupeaux; on dit, *les communaux* ou *les communes. Les communaux d'un tel bourg, d'un tel village. De grandes communes. Mener paître les troupeaux dans les communes.*

379. On ne dit pas, *des filleules d'artichaut;* on dit *des œilletons d'artichaut. Lever des œilletons d'artichaut.*

380. On ne dit pas, *un oubli, des oublis*, pour une sorte de petit pain sans levain, dont on se sert pour cacheter des lettres: on dit, *un pain à cacheter, des pains à cacheter.*

Un oubli est un manque de souvenir. Mais *une oublie* est une sorte de pâtisserie qui est fort mince, de figure ronde, et que l'on cuit entre deux fers. *Cela est mince comme une oublie. Une main d'oublie. Jouer des oublies. Crier des oublies. Un corbillon d'oublies.* (Voyez n°. 299.)

381. Quand les beliers heurtent de la tête les uns contre les autres, on ne dit pas qu'ils se *tûtent*; on dit qu'ils se *cossent.*

382. On n'appelle pas *jardinière*, un insecte qui vit sous terre, principalement dans les

couches, et qui coupe et ronge les racines des plantes; on l'appelle *courtilière* subst. fém. ou *taupe-grillon* subst. masc.

383. On n'appelle pas *grillet*, un insecte qui habite dans les maisons près des cheminées, ou dans les champs, s'enfonçant dans des trous pratiqués sous terre, et qui fait un bruit aigu et perçant; on l'appelle *grillon.*

384 On ne dit pas, *il veut pleuvoir*, pour dire qu'*il pleuvra bientôt.*

385. On n'appelle pas *châtaigne*, ni *belogne*, ni *taloche*, un coup donné sur la main d'un écolier avec une petite palette de bois ou de cuir, lorsqu'il a fait quelque légère faute; on l'appelle *férule*, tout comme la palette même qui sert à cet usage. *On lui a donné une férule. Il a eu une férule, deux férules.*

Une taloche est un coup donné sur la tête à quelqu'un avec la main. *Il a eu une taloche. Il lui a donné une vilaine taloche.* Il est populaire.

386. On n'appelle pas *tracle*, un coup du plat de la main; on l'appelle *claque.*

387. On n'appelle pas *dictature*, ce que l'on dicte pour être écrit en même temps par un seul ou par plusieurs autres; on l'appelle *dictée. Voici la dictée d'aujourd'hui. La dictée a été longue.*

388. On ne dit pas, *elle est de vos partisannes;* on dit, *elle est de vos partisans.* Le mot *partisan* n'a point de féminin.

389. On n'appelle pas *communier*, un membre de la commune.

390. On ne dit pas, *je vais contre Genève*, pour dire, *je vais du côté de Genève*, *je vais vers Genève.*

391. On ne doit jamais dire *adieu*, en abordant quelqu'un; ce mot est un terme de civilité et d'amitié, dont on se sert en prenant congé les uns des autres. Il ne suppose d'ailleurs pas toujours le tutoiement. *Adieu Monsieur. Adieu Madame. Adieu mon ami.*

Dire adieu au monde, *aux plaisirs*, etc., c'est y renoncer.

392. Deux époux ne doivent pas dire, *Mr. le Ministre un tel nous a épousés;* ils doivent dire, *nous a mariés.* Ce sont les époux eux-mêmes qui s'épousent l'un l'autre.

393. On ne dit pas, *se rentourner chez soi*; on dit, *s'en retourner chez soi.*

394. On ne dit pas, *j'ai volontiers mal aux dents le soir;* pour dire, *j'ai ordinairement mal aux dents le soir.*

395. On ne dit pas, *il perd davantage que moi*, on dit, *il perd plus que moi.* On peut cependant dire, *je perds tant*, *mais il perd davantage.*

396. On ne doit pas dire, en parlant d'une seule personne, qu'*elle s'encourage à l'ouvrage*, qu'*elle s'expédie*, pour dire, qu'*elle travaille avec courage*, qu'*elle se hâte*, qu'*elle se dépêche.* Mais plusieurs personnes peuvent s'encourager les unes les autres.

397. Dans les mots, *un cerf*, *des cerfs*, l'*f* ne se prononce pas. *Un cerf de dix cors. Le bois d'un cerf. Des cerfs qui brament.*

L'*F* se prononce dans *un serf*, *des serfs. En Pologne*, *les paysans sont serfs*, *de condition serve.*

398. On ne dit pas, *combien je l'ai trouvé maigre depuis que je ne l'ai vu!* on dit, *combien je l'ai trouvé maigri!* ou *amaigri!*

399. On ne doit pas dire, *savez-vous un nouveau?* pour, *savez-vous une nouvelle?*

400. On ne doit pas prononcer, *entre quatre zieux*, *mal de zieux*, pour, *entre quatre yeux*, *mal d'yeux.*

401. On ne doit pas dire, *il est en campagne*, pour, *il est à la campagne.*

On dit, *les troupes se mettront bientôt en campagne*, *doivent entrer bientôt en campagne*, pour dire qu'elles commenceront bientôt les opérations de la guerre après le repos de l'hiver.

402. On ne dit pas, *remuer*, pour *déménager*, changer de domicile.

Cependant on dit proverbialement, *remuer ses escabelles*, c'est-à-dire déménager.

403. On ne dit pas, *comment s'appelle-t-il déjà?* pour, *comment m'aviez-vous dit*, ou *comment avions-nous dit qu'il s'appelle?*

404. On ne dit pas, *quand vous avez acheté cela*, *vous avez fait une bonne pache;* on dit, *vous avez fait un bon marché.*

405. On ne dit pas, *des raisins de mars;* on dit, *des groseilles. Groseille rouge. Groseille blanche. Les groseilles rouges et les blanches viennent par grappes.*

406. On ne dit pas, à celui qui s'est levé matin, *vous êtes bien matinier;* on dit, *vous*

êtes bien matinal. Il est bien matinal aujourd'hui. Elle n'est pas si matinale.

On appelle *matineux* celui qui a l'habitude de se lever matin. *Il faut être plus matineux que vous n'êtes. Les Dames ne sont guère matineuses.*

407. Quand on manque de quelque chose, on ne dit pas, *je n'en ai rien;* on dit, suivant le cas, *je n'en ai pas*, ou *je n'en ai point.*

408. On ne dit pas, *une nine;* on dit, *une naine.*

409. On ne dit pas, *un homme de grosse corporence;* on dit, *de grosse corpulence. Grande corpulence. Voilà une belle corpulence d'homme. Un homme de cette corpulence-là mange beaucoup.*

On dit aussi, *un homme de petite corpulence.*

410. Dans les mots, *quadragénaire*, *quadragésimal*, *quadrangulaire*, *quadrature* terme de géométrie, *quadrige*, *quadrilatère*, *quadrinôme*, *quadrupède*, *quadruple*, *quadrupler*, *quaker* ou *quacre* sectaire, la première syllabe se prononce *coua.*

Dans les mots *quadernes* terme du trictrac, *quadrat* terme d'imprimerie, *quadratrice*, terme de géométrie, *quadrature* terme d'horlogerie, *quadrer* avoir de la convenance, du rapport, la première syllabe se prononce *ka*, comme dans *qualification*, *qualifier*, *qualité.*

Les mots *équateur*, *équation*, se prononcent *équateur*, *équation.*

Dans *équestre*, *équitation*, l'*u* se prononce. Il n'en est pas de même des mots, *équiangle*, *équidistant*, *équilatéral*, *équimultiple*, *équipollent*, où la seconde syllabe se prononce comme dans *équilibre*, *équinoxe*, *équipage*, *équité*, *équivalent*, *équivoque*.

411. Quand des fruits ont reçu des coups qui les ont comprimés, ou qu'on les a maniés trop rudement, on ne dit pas qu'*ils sont cassés;* on dit qu'*ils sont meurtris. Prenez garde de meurtrir ces pêches. Il les a toutes meurtries en les prenant. Ces fruits se sont meurtris en chemin. Pour peu que l'on touche ces fruits ils se meurtrissent.*

Populairement on dit, *cotir. Des fruits cotis par la grêle.*

On dit aussi, *cotissure. La cotissure empêche que les fruits ne soient de garde.*

412. On n'appelle pas *tailleuse*, celle qui fait des habits d'homme ou de femme; le mot *tailleur* n'a point de féminin; on l'appelle *couturière*. La couturière est celle qui travaille en couture, soit de linge ou d'habits. *Habile couturière. Couturière en linge. Couturière pour homme*, *pour femme*, *pour enfans;* c'est-à-dire, qui fait des habits d'homme, de femme, d'enfans.

On ne dit pas non plus, *tailleur en homme*, *tailleur en femme;* on dit, *tailleur pour homme*, *tailleur pour femme.*

413. On ne dit pas, *un décrottoir*, pour une sorte de brosse dont on se sert pour décrotter; on dit *une décrottoire*, ou *des décrottoires*.

414. On ne dit pas *déhors*, on dit *dehors*. *Il est allé dehors. Cela avance trop en dehors. Porter la pointe du pied en dehors.*

415. On ne dit pas en parlant du bois qui travaille, qui se tourmente, se courbe, s'enfle et s'étend, qu'*il se jette;* on dit qu'*il se déjette. Le bois vert se déjette plus que le sec. Ces ais se sont déjetés.*

On dit aussi qu'un mur travaille ou se déjette, qu'une poutre travaille ou se déjette.

416. On ne dit pas, *une aune et demi*, *une heure et demi;* on dit *une aune et demie*, *une heure et demie*, parce que *aune* et *heure* sont des substantifs féminins. En revanche on dit, *un pied et demi*, *midi et demi*, etc.

Mais *demi* avant le substantif, ne se décline pas. *Un demi-pied. Une demi-aune. Une demi-heure.* etc.

417. On ne dit pas, *une duegne;* on dit, une *douegne.*

418. On ne dit pas, *piller des noix*, c'est-à-dire leur ôter la couverture extérieure et verte qui renferme la coque dure; on dit, *écaler des noix.*

On ne dit par conséquent pas, *des noix pillettes;* on dit, *des noix écalées.*

On n'appelle pas non plus, *pillot*, ni *écorce*, la couverture extérieure et verte des noix; on l'appelle *écale* subst. fém., ou *brout* subst. masc. *Le brout des noix sert à divers usages, selon qu'il est préparé. Des noix confites avec leur brout.*

Écale se dit aussi des coques, des coquilles d'œufs, et de la peau ou gousse des pois, qui se lève quand ils cuisent. *Écales d'œufs. Des écales de pois. Les poix s'écalent quand ils ont bouilli.*

On ne dit pas, non plus, *un grumeau de noix;* on dit, *une cuisse de noix.*

419. On ne dit pas, *épécler*, *éclaffer;* on dit, *écacher. Ecacher une noix*, *un limaçon*, *en marchant dessus. Il s'est écaché le doigt.*

On dit aussi *écarbouiller. Il lui a écarbouillé la tête*, *la cervelle.* Il est populaire.

420. On n'appelle pas *prolation*, la manière de prononcer un discours; on l'appelle, suivant les cas, *récitation* ou *déclamation.*

421. On ne dit pas, *un embochoir de bottes;* on dit *un embouchoir.*

422. On ne dit pas, *piffrer un enfant;* le faire manger excessivement; on dit *empiffrer. Vous empiffrez cet enfant. Empiffrer un enfant de confitures*, *de pâtisserie.*

On dit aussi *s'empiffrer*, et non *se piffrer. Il s'empiffra tellement à ce repas*, *qu'il en fut malade.*

Il signifie encore, rendre ou devenir excessivement gras et replet. *Trop manger et trop dormir l'ont empiffré à un point qu'il n'est pas reconnaissable. Il s'est bien empiffré depuis peu.*

Il est toujours du style familier.

Piffre, *esse* est un terme bas et injurieux qui se dit des personnes excessivement grosses et replettes. *Un piffre. Un gros piffre. Une grosse piffresse.*

423. On ne dit pas, *la couleur du bon encre;* on dit, *la couleur de la bonne encre. Voilà de belle encre. Cette encre est bien luisante.*

On ne dit pas *encre à la Chine;* on dit, *encre de la Chine. Dessein à l'encre de la Chine.*

424. On n'appelle pas *un créneau*, une tuile creuse qui se met sur le faîte d'une maison; on l'appelle *un enfaîteau*, ou *une faîtière.*

Les *créneaux* sont ces espèces de dents pratiquées au dessus des anciens murs de ville ou de château.

425. On ne dit pas qu'*une mère pouille son enfant;* on dit qu'*elle l'épouille. Un gueux qui s'épouille.*

Pouiller, c'est dire *des pouilles*, ou des injures grossières à quelqu'un. *Il lui a chanté pouilles. Il lui a dit mille pouilles. Il l'a étrangement pouillé. Il se sont pouillés l'un l'autre.*

Pouille est du style familier. *Pouiller* est populaire.

426. On ne dit pas, *menusier*, *menuserie;* on dit *menuisier*, *menuiserie.*

427. On ne dit pas, *un carreau de fenêtre;* on dit, *un carreau de vitre.* On dit aussi, *une vitre.*

428. On ne dit pas *un siau d'eau;* on dit un *seau d'eau.* (Voyez n°. 127).

429. On ne dit pas, *mettre les sceaux sur une serrure*, *poser les sceaux*, *lever les sceaux;* on dit, *mettre le scellé*, *apposer le scellé*, *lever le scellé. Il ne saurait avoir ses papiers*, *ils sont sous le scellé. C'est au Commissaire à lever le scellé qu'il a apposé.*

430. On ne dit pas, *faire la cupesse* ou *le tromelet;* on dit *faire la culbute.*

431. Pour dire qu'un homme s'est enfui, on

ne dit pas qu'*il a pris la poudre de discampette;* on dit qu'*il a pris la poudre d'escampette.* Il est populaire.

432. On ne dit pas que *quelqu'un a de l'escient,* pour dire qu'il est sensé, raisonnable. Mais on dit, *faire quelque chose à son escient, à bon escient,* pour dire sciemment et sachant bien ce qu'on fait.

On dit aussi, *dites-vous cela à bon escient? Je parle à bon escient;* pour dire, tout de bon, sans feinte.

Ces expressions vieillissent.

433. On ne dit pas *épion, épionner;* on dit *espion, espionner.*

434. On ne dit pas, *tamer une casserole;* on dit, *étamer.* On dit aussi *l'étamure.*

L'étain que l'on applique derrière les glaces et les miroirs, s'appelle *le tain,* et l'on dit *mettre une glace au tain.*

435. On ne dit pas *espadron, espadronner;* on dit *espadon, espadonner.*

436. On ne dit pas *un sponton;* on dit *un esponton.*

437. On ne dit pas *esserter des bois;* on dit *essarter.*

438. On ne dit pas *étisie;* on dit *phtysie.* Mais on dit également *phtysique* et *étique.*

439. On ne dit pas, *cotter, mettre des cottes, des étais à une maison;* on dit *étayer, mettre des étaies. On a bien étayé ce bâtiment, il ne tombera pas. Mettre une étaie, des étaies à une muraille.*

440. On ne dit pas, *les glacières de la Savoie;* on dit *les glaciers.*

Une glacière est un grand creux où l'on conserve de la glace.

441. On ne dit pas de celui qui a sur la peau des élevures ou taches rouges, qu'il a une *ébolution*, mais une *ébullition*. On dit aussi qu'il a des *échauboulures*.

Si ce mal est causé par une chaleur excessive, on peut l'appeler *échauffaison. Ce n'est pas un grand mal, ce n'est qu'une échauffaison.*

442. On ne dit pas *le solde* d'un compte, on dit *la solde.*

443. On n'appelle pas *palette* l'*a b c* ou l'alphabet pour apprendre à lire, on l'appelle *Croix de par Dieu. Cet enfant sait déjà bien sa croix de par Dieu. Achetez-lui une croix de par Dieu.*

444. On ne dit pas *s'embrelicoquer*, on dit *s'emberlucoquer.* C'est un terme populaire, qui signifie se coiffer d'une opinion, s'en préoccuper tellement, qu'on en juge aussi mal que si on avait la berlue.

445. On attache ordinairement dans le pays, aux mots *gaupe* et *gagui* un sens qu'ils n'ont pas en France. Une *gagui* est une fille ou une femme qui a beaucoup d'embonpoint et d'enjouement. Et une *gaupe* est une femme malpropre et désagréable.

446. Dans le mot *Gangrène*, le premier *g* ne doit pas se prononcer comme un *g* mais comme un *c*. On dit *Cangrène.*

447. On ne dit pas *du genèvre*, on dit *du genièvre.*

L'arbre qui donne ce fruit s'appelle aussi *genièvre* ou *genevrier.*

448. On n'appelle pas *une glisse* un chemin frayé sur la glace par des enfans qui se glissent, on l'appelle *une glissoire.*

449. On n'appelle pas *mollasse* une pierre composée de grains de sable plus ou moins fins, on l'appelle *grès.*

On désigne par le nom collectif de *gresserie* des pierres de grès mises en œuvre. *Cette tour est faite de gresserie.*

Ce mot signifie aussi des pots, des cruches, des vases faits de grès. *Cette gresserie vient de Beauvais.*

450. On ne dit pas, *prendre quelqu'un en grippe*, se prévenir défavorablement et sans raison; on dit, *se prendre de grippe contre quelqu'un.*

Le mot *grippe* signifie en général, fantaisie, goût capricieux. *C'est la grippe de bien des gens, d'acheter beaucoup de livres qu'ils ne lisent point.*

Il est du style familier.

451. On ne dit pas une *fourre de chaise;* on dit une *housse de chaise.* (V. n°. 234.)

www.ingramcontent.com/pod-product-compliance
Ingram Content Group UK Ltd.
Pitfield, Milton Keynes, MK11 3LW, UK
UKHW020346250726
13967UKWH00005B/2135